JN409282

김성배 2시집

히말라야의 서리꽃

김성배 2시집

히말라야의 서리꽃

碍山 **김 성 배** 金成培

· 경남 고성군 고성 출생(1937)
· 고성초등학교 41회 졸업
· 부산영남상업고등학교 졸업
· 성균관대학교 국어국문학과 졸업
· 숭실고교, 대광고교 국어과 교사
· 고려대학교 교육대학원 국어교육 전공(교육학 석사)
· 정신학원 이사회 감사 역임
· 황조근정훈장 외 교육상 수상
· 한국문인협회 회원
· 한국수필문학가협회 이사
· 한국현대시인협회 이사
· 서울 영락교회 장로
· 한민족평화통일촉진문인협회 운영이사
·「시와 비평」 시 등단
· 월간 「수필문학」 수필 등단
·「서울문학」 평론 등단
· 논문: 「박목월 시의 변모적 과정을」
· 시집: 「파란 하늘이 되어」(2008)
· 수필집: 「은퇴자의 변辯」(2020)
· 수상: 장로문학상 (2018)
담쟁이 문학상 (2021)
한국문예 대상(시부문) (2022)

| 시인의 글 |

그이는 하늘나라로 떠나고
나는 나를 만나
한 하늘
푸른 땅 아래에서
동방의 불꽃처럼 타오르고
하얀 시의 행간에서
그이의 미소를 보고 싶다.

- 두 번째 시집을 내면서

목차

1부 소래포구의 맛

2부 고향의 향기

3부 여행

4부 진도대교 밑에서

5부 히말라야의 서리꽃

5부 작품 해설/ 강소이(姜笑耳)

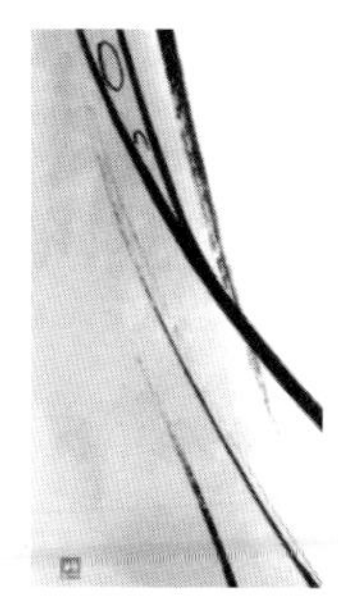

내가 맛이 있어 좋다고 하면
힐머니는 무소건 산다

1부

소래포구의 맛

소래포구의 맛

이른 아침부터
소래포구에는 육젓이 없다

김장날
아무것도 모르는 나에게
할머니는
육젓 맛을 보게 한다

내가 맛이 있어 좋다고 하면
할머니는 무조건 산다

온 식구가 좋아하니까

오늘도 할머니는 핸들 카car를 끌게 하고
그 맛을 찾게 한다.

창밖을 열면

아침에 일어나면
먼저 베란다 창문을 여는 일이다
창밖 풍경을 보면
하루가 시작된다

3월이면 벚꽃도 활짝 피어
백 미터 가까운 도로에 벚꽃이 피어
아파트 전체를 수 놓는다

앞이 확 트여서 더 아름답다

기다림

오랫동안 갈망하며 그리던 하늘
언젠가 이루어지겠지
그렇게 쏜살같이 지나간 세월
반추해 보니 허무하다
반백 년 애타게 기다리던 시간들
허허벌판 외롭게 핀 들꽃이더라

이제 마지막 노을빛 아름답게
물들이고 싶은 마음인데
안개 진 새벽처럼 보일 듯 보이지 않고
잡힐 듯 잡히지 않는 너는
하얀 도화지에 그린 반달
언제 보름달로 채워질 수 있을까

행복

나는 사진을 찍을 때
가장 행복한 얼굴 표정을

순간 아들의 어릴 적 모습을 떠올린다
아들의 멋지고 귀여운 얼굴을 떠올리면

내 눈빛은 사랑으로 가득하고
입가에는 미소가 번진다

행복한 얼굴을 하고 싶을 때
렌즈를 쳐다보며 아들을 생각한다

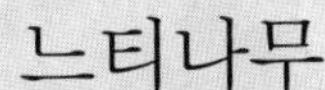

느티나무

봄이 늦게 찾아오는구나
나비도 꽃향기를 찾듯이
느티나무를 찾지만, 오뉴월이 되어야

마을 입구에 정자 나무가 되어
여름이면 시원한 그늘과 바람을 모아
온 동네 남녀노소들의
더위와 쉼터가 되어
웃음꽃이 핀다네

나는 이 마을의 휴식처로 살아가고파

치자꽃

통영 남쪽에서
묘목 하나를 받아왔다

10년 만에
처음으로 선사 받은 나무
아파트 화단에 치자꽃 하얗게 피었다

암술은 하나뿐
수술 20개 정도가
이를 보호하듯 둘러싸고
송이에는 잎이
열여덟 개나 벌어졌다

손가락 굵기의 묘목에
약 50송이가 피어서
그윽한 향기를 풍기는 꽃

온 아파트 뜨락을
치자꽃 내음으로 적신다
금년 봄은 길었으면 좋겠다

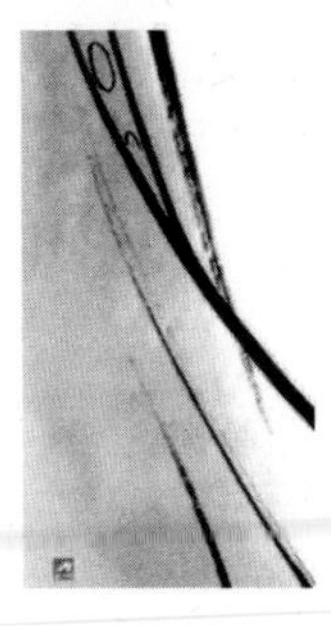

넓은 들판을 가진 고성 하늘을
끝까지 가슴에 담고

2부

고향의 향기 • • •

고향의 향기

가을은 오곡백과 황금 물결 무르익고
만선의 깃폭 울려 저물면 바닷가에서
호롱불 밝혀 돌아오는 배를 마중하는 철뚝 선창가

먼바다 고기잡이 나갔던 만선들의 귀향길
화물선 바람 불고 바닷길 환히 밝혀
떨어진 섬과 섬을 등대가 비춰주는 길이어라

바닷가 바람 소리 교회 새벽 종소리
시냇물 흐르는 소리
들판은 하늘까지 담을 수 있을까
넓은 들판을 가진 고성 하늘을
끝까지 가슴에 담고
바다는 잔잔하게 웃으며 찰랑거리고 있다

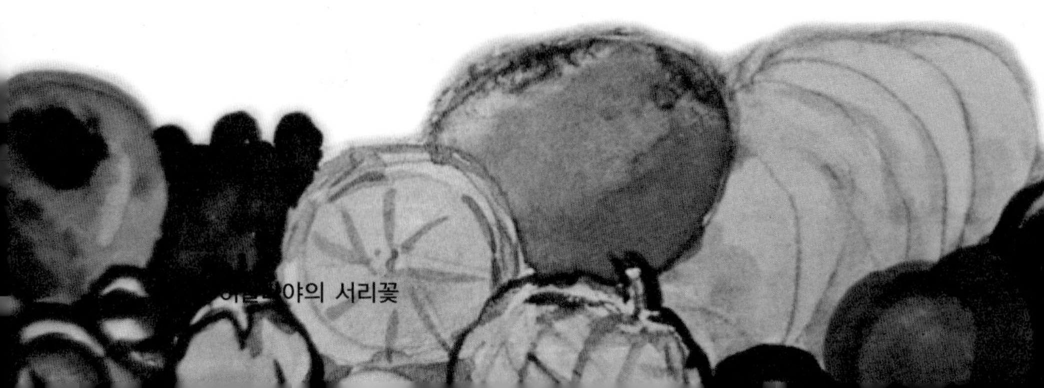

고향을 그리다 1

고향이 그립다 보니
세월의 무게가 더해 갈수록
아파트보다는 단독주택이
난蘭보다는
투박한 질그릇에 담긴 야생화가 정겹다

애장품도 복사꽃이 소담스럽게 피어 있는 유화가
고향 집을 떠올리면 장독대 우물 등
어머니가 아끼시던 물건들을
하나하나 만들어 붙인 지점토 항아리다

봄이면 눈이 부시도록 화사하게 피는
분홍색 복사꽃은 환상적이고 아름다워
동네 아이들의 놀이터 되었다.

고향을 그리다 2

추석이 코앞으로 다가왔네
파란 하늘 세월 너머
그리운 친구들 얼굴이 어른거린다

뛰놀던 뒷동산에 자국자국 밟히고
애틋한 추억들이 묻어난다

향수병에 걸린 듯 고향에 대한
애정이 깊어진다

소식을 알리는 벽방산의 진달래꽃
울타리에 개나리 뒷동산의 복사꽃
맑고 고운 빛살
밤 하늘에 빛나는 별
한 여름날에 소리 없이 일렁이던 반딧불이
보석처럼 반짝였다

멍석 위에 빨간 고추
담장 위엔 탐스러운 호박이
매달려 있던 기억도 선명하다

해질녘 굴뚝으로 연기가 모락모락 피어오르고
지붕 위에 박꽃이 하얗게 피어나던 고향 집
꿈에도 잊을 수 없다
고향은 따뜻한 그리움이다

텃밭에서

우리 집에는 200평 정도의 텃밭에
봄이 오면 텃밭 정리를 한다네
고춧대, 가지, 호박 줄기를 뽑아 버리네
텃밭 입구에는 부추를 심는다네

밭이 정리되면
비탈길 언덕에 두릅 나무를 심고
골을 파서 상추, 시금치, 쑥갓, 들깨 씨도 뿌리네

우텃밭에 뿌린 씨가 3개월이 지나면
다 자라서 군데군데 속아주면 더 크게 잘 자란다네

여름이 되고 초복 중복이 지나고 나면
텃밭의 고마움을 느끼면서
삶의 보람을 이웃과 함께 기쁘게 살아가 보세

고향의 봄

동해의 거류산 자락에
형님이 계신다

거류산 벽방산 기슭에
새봄이 오는데

삼삼면 앞바다
남해 금산에도
새봄이 오고 있다

아버지 어머니 산소에도
새봄이 온다네

부모님 인생사 굽이마다
그 고통 슬픔 생각하면
감출 수가 없다

고향 부모 생각해도
다 소용 없지만

그래도 저 하늘 나라 갈 때
가져갈 하나 없어도

그리워지고
가보고 싶고

언제든 내 가슴에도
새봄이 오리니

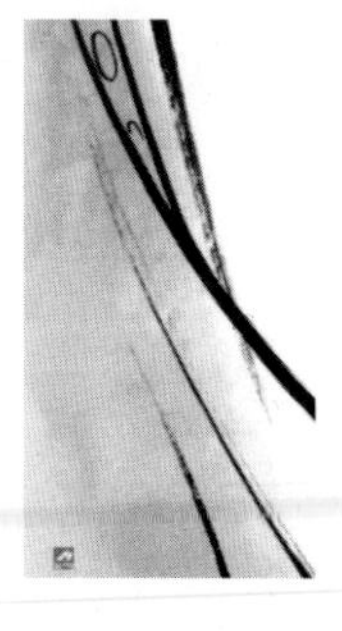

돌에도 물소리 흘러
허공에 수 놓았다

3부

여행 • • •

박물관

돌에도 물소리 흘러
허공에 수 놓았다

중요 문학가들의 시와 소설이
그림과 어우러진 한국 최초의
시에 그린 한국 시화 박물관

한국 산지의 이러한 수석과
국내 최대의 기이한 수석과 그림들
석불 등의 자른 먼 길을
갖춘 국내 중요 작가의 초상화와
글씨 등을 갖춘 남도 우리 문화 최초의
가치 있는 종합 문화전시공간이라
의자 바위 정오쯤 지친 햇살이 없는 듯 앉아 쉬는 곳이라

남산에 올라서서

남산 탑에 오르니
한강 다리 밑으로 유람선이 흐르고

서울을 남북으로 갈라선 한강 물이
서울의 도심을 흐르는 태백산의 물
옆에 우뚝 선 63빌딩
늠름한 자태로
수도 서울을 지키고 있다

남산을 좋아하는 서울 시민들의
즐거움은 바로 여기에 있다

우리가 고향을 그리워하듯
남산에 대한 연인
서울 시민의 정을 느낀다

인천대공원

그리운 곳은 높고 먼 곳에 있다네
아름다운 땅
생명의 호수를 안고 살아가는 공원아
천년을 살아갈
은행나무를 지닌 산이여

슬픔을 다 잊고
기쁨으로 살아가는 공원아
어제도 오늘도
우리의 가슴은 깨끗한 공기 품으며
인천 시민의 건강한 마음으로 살아가게 한다

자유공원

인천 자유공원 입구에 가면
차이나타운이 있다

자유공원
정상에 가면
맥아더 장군 동상이

높이 우뚝 서 있다네
이곳에서 하늘을 보면

대한민국 승리의 깃발이
푸르러 보였다

이곳에서 바다를 보면서
그리운 님의 모습도 깊이 떠오른다

센트럴파크에서 1

미추홀구 1호선 배를 탔다
좌석은 12석 뿐이라네

하늘에서 비가 내리는데
배는 송어고기를 보면서
서서히 나아가는데

송도 한옥마을이 고향집 같구나
파크에 서 있는 유리창으로
아파트는 우뚝 서 있는데

파란빛으로 아름답기만 하구나
미국 뉴욕 센트럴파크보다는
더 산책하기 쉽고
삶의 생기가 돋아나는 파크에
여기가 바로 한여름의 쉼터로다

센트럴파크에서 2

센트럴파크는
어떻게 하늘까지
담을 수 있을까?

속까지
환히 보이는 물은

맑은 물 때문일까
해당화 피어 있는 바닷가를 지나며
빨간 장미꽃이 활짝 피어 있고
바닷물은 흐르고 흘러

넓고 깨끗한
파크는
파란 숲 하늘까지 아름답구나

배는 천천히 흐르고
바닷물은 사방으로 흘러
서서히 그림 그리고
되돌아 나아가고 있다

백령도

연안부두에서 배를 타면

백령도를
갈 수 있다

백령도의 하늘은
어둡다

백령도의 바다는
더 어둡다

백령도 땅은
아주 좁다

우리가 가고 싶은 곳을
찾아서 가보자

산 꼭대기 태극기 휘날리는
항공레이더망이
우리 국토의 지킴이였다

노루목에 피는 꽃

가을이 깊어가는 계곡
단풍이 물드는 소리
도토리 벌어지는 소리

숲속에 새 우는 소리
계곡에 물 흐르는 소리
노루목에 피는 구절초에

고추잠자리 두 마리 앉아
계곡의 하늘과 단풍 꽃잎
가을의 그윽한 계곡의 향기

우리의 모진 가을의 가슴
노루목에 핀 꽃잎 되어 떨어진다

대관령의 봄

따스한 바람이 불어오나
산간에 서리는 내리지만
눈이 녹고
노루는 고랭지 배추밭에서
풀을 뜯는다

농부는 쟁기질하고
씨감자를 심는다

얼룩소는 방목하고
기르는 아낙 손길을 기다린다

대관령의 겨울

대관령에 눈이 온다
황태 덕장에 내리는 초겨울의 눈은
밤이 되어도 그치지 않는구나
날이 밝아도 산골 외딴집에 갈 수도 없다

쌓여가는 눈
긴 덕장에 쌓인 눈을 털어낸다
53개의 풍력발전기가 힘차게 돌고
쌓인 눈이 노루의 생존을 위협한다
숫사슴이 양지바른 쪽에 나와
나뭇가지를 잘라 먹는다

암노루는 하얀 눈 속에 누워 있다
눈은 오늘도 내리고 있다

태백산에 오르면

태백산에서 한강이 흐른다
태백산에서 낙동강이 흐른다
천재단에서 운무가 피어나고
금대봉 기슭에서 일천삼백 여 리里를 흘러
서해로 흘러 들어가는 물
넘치는 태백산 낙동강의 발원지 황지연못

태백산 일천오백육십칠 미터
매봉산 풍력 발전단지
용면 동굴 정선 아라리혼
남한강 발원지로
하루 이천톤 가량의 물이 흘러가는 산

산은 가파르지 않고
험하지 않아
태백의 필승을 쉽게 오를 수 있는 산

산골에 피어 있는 순정의 구절초
순수, 어머니의 사랑이란 꽃말처럼

다소곳이 피어 가을을 장식한다
가지에 뜸북새, 으악새 우는 소리 들리는구나
이 산골 마을에

장봉도

갯벌따라
끌려가는 곳
외진 섬에
있는 카페

소리가
바다를
뒤흔든다

꿈과 사랑을
용천 용암 바위가
팔경 중 하나다

바닷가 우물 맛
국시봉에 오면

낙조는
참 아름답도다

낙화암落花巖에서

배롱나무꽃을 뒤로하고
부소산성扶蘇山城의 서북쪽
낙화암 백화정에 선다

깎아지른 절벽
강물을 내려다보며
삼천궁녀가 반공에 몸을 던진 곳

꽃들이 사비수泗沘水에 떨어졌던 자리에
흰 새벽달이 물끄러미 떠 있고
고란사皐蘭寺 쇠북소리가
백마강에 젖는다

청령포 앞에서 1

봉래산 숲속에서 설한雪寒에 슬피 울고
가슴에 마른 사연 두견새는 말이 없다
청령포 한양을 접고 관음송은 돌아 흐른다

세월에 잊어왔던 숙부를 원망하는
저녁놀 지는 저 별 한양을 비추는데
어디서 두견새 소리 청령포를 달랜다

청령포 나루터에서 2

청령포 나루터에서
한양에 계신
님을 그린다

관음송을
높이 쳐다보면
두견새 슬피 우는 소리
가슴을 적신다

봉래산에 올라
한양의 노을 보니
애잔한 마음
사그라진다

운악산雲岳山 연가

나 운악산 올라가리라
경기, 가평군 하면 상관리 포천 화현면으로
935.5m에 돌아가리라

주봉인 망경대를 둘러싼 경관을
경기 소금강이라
5악 중 가장 수려한 산이라
천년 고찰 현등사 위의 능선을 타고
철다리 좌우엔 진달래가 한창이다

정상에 핀 진달래 군락을
암벽코스와 평탄한 등산로
동쪽의 미륵바위, 눈썹바위
대스랩의 암봉과 병풍바위
산 전체가 바위산이라

나 운악산 올라가서 보리라
백년폭포 오랑캐소 눈썹바위
코끼리바위 망경대
무운폭포, 큰골 내치기 암벽

아기자기한 암릉코스의 가을 단풍
봄의 전령사 산 목련 진달래가
꽃 바다를 이룬다

나 운악산에 돌아가리라

상족암床足岩 연가

수려한 자연경관
한눈에 한려수도

해면의 넓은
계곡의 기암절벽

전면이 층층단애로
암벽 깊숙이 동서東西라

선녀탕 생흔화석 발자국 물떼새 화석
암굴이 뚫어져 있어 밥상다리 같도다
이름하여 쌍족암雙足岩이라 부르도다

해변에 펼쳐지는 신비의 공룡발자국
눈으로 생생하게 확실하게 체험하는
용각류 공룡의 다리 골격과 키 거대하다

해변의 촛대바위 실바위
물끄러미 바라보며
고성군 하이면 덕면리 해안

넓은 바위 위에 3천여 족의
다양한 공룡 발자국 화석들이
1억 년 전 세계로 빠져들게 한다
세계 1위 공룡 마을 내 고향 고성

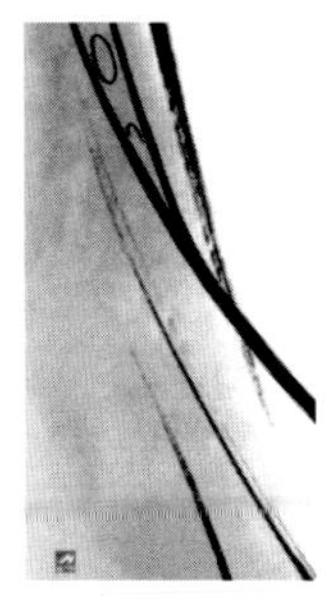

북소리 울리는 승전 소리에
저 님 우뚝 서 계시다

4부

진도대교 밑에서 • • •

진도대교 밑에서

울돌목 센 물결에
회오리 바다 물결 출렁거리고
거품같이 다 꺼지고

북소리 울리는 승전 소리에
저 님 우뚝 서 계시다

벽파진

– 이충무공 전첩지

벽파진 푸른 바다여
너는 그 영광스러운 역사를
가졌구나
이순신 장군이 가장 외롭고
가장 외로운 고비에서 빛내고
우뚝 선 여기이어라

이겼다
지나는 이들이여 이마 숙이소서
목숨 바쳐 천추의 우룩신이 되었나니

세월호 팽목항에서

그들의 꿈
기억하겠습니다

세월호의 진실, 진실
영원히
잊지 않겠습니다

침몰 참사 476명
다짐
그리고
다짐으로
별이 되어라

그날의 아픔
416명 인양구조

그날의 아픔
희생자 잊지 말자

행진하여 가라

코로나 19가 지구촌을 덮친지 3년이 가고 있다네
오늘 하나님은 온 세상에 운행하고 계시고
우리는 2022년 앞에 서 있다
하나님께서 광야의 이스라엘 백성을 인도하시 듯
우리는 넉넉히 이겨낼 것이라고 확신한다

우리의 영혼 깊은 곳에
하나님의 평화가 충만하기를 원하고
가정에는 웃음꽃이 피고
일터에는 일의 보람과
수고가 가득하시길 기원한다

이스라엘 백성은 40년 만에 애굽에서 나왔다
하나님께서는 그들의 신음을 들으시고
모세를 보내
하나님의 팔과 강한 손으로
이스라엘을 건지셨다
홍해를 건너 광야를 거쳐

르비딤을 거쳐
3개월이 될 때 광야에 도착했다

우리가 말씀으로 살아갈 때는
오합지졸이 아니라
분명한 목표를 가지고 의연하고 당당하게
행진곡을 부르면서 가는 것이다

우리들은 하나가 되어
하나님께서 가르치시는 손가락을
똑바로 잘 익혀 보면서 전진하자

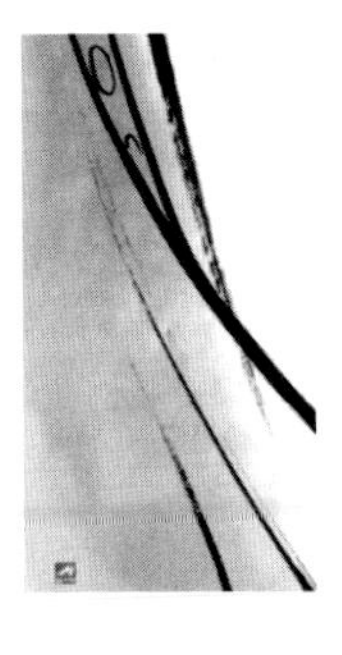

새벽을 깨우면서 산 삶
영원의 순간처럼
순간도 영원처럼 산 삶이

5부
히말라야의 서리꽃

히말라야의 서리꽃 1
–自畵像

카시밀과 쟈무고원
아스라이 바라보이는
히말라야의 하얀 영봉들을 위로 하고
인도의 젖줄, 인더스와 겐지스강이 흐르는 판잠

깊은 밤
이른 새벽에
산으로 들어가 기도한 나의 삶
고요한 산속의 서리꽃 풀숲 옆
바위가 기도처
여기가
새벽을 깨우면서 산 삶
영원의 순간처럼
순간도 영원처럼 산 삶이
오늘 삶에도 깨끗하고
내일 죽음에도 깨끗한 자취를 남기자

히말라야의 서리꽃 2

앞뒤도 없는 통옷을 입고
하늘 말씀이 삶으로 이어져
사는 경지에 서 있다
어느 인이 세상 죄를 다 짊어지고,
자기 목숨을 내놓을 수 있을까?
산다고 하는 것,
이 은혜를 갚아가는 것.
매일 죄를 씻어내고,
내 삶의 밭에
감사와 사랑의 씨를 뿌리며 살자.
그리하여
내 삶이 향기 날리는
주님의 동산이 되게 하면서 살자.
내 머리에 두른 터번도
황진과 땀으로 범벅이 될 때까지 기도하자

히말라야의 서리꽃 3

오늘 청명한 날씨
푸른 하늘을 머리에 인 듯
산봉우리에 흰 구름이 감돌기 시작했다
눈 속 바위 밑을 휘돌며
흐르는 계곡의 맑은 물
목을 축이기도 한다
터벅터벅 서리꽃
나무 풀숲을 찾아들었다
님의 무릎, 가슴에 안겨
히말라야 눈 덮인 정상을 향해
걸어가는 고달픈 나의 모습
때론 가시덩굴에 긁히고
돌부리에 채여 넘어지면서
위만 보고 달려갔다
이 적막한 하얀 산속을
누가 인도하고 있을까?

히말라야의 서리꽃 4

난 믿었다
어느덧 세월이 흘러
노을 달빛이 은은하게 숲속에 드는 밤
님의 모습이 계류溪流처럼
선명하고 깨끗해 보였다
혹독한 교육 삶의 고행苦行으로
몹시 말라붙어버린 나의 몸
피부는 더러운 때와 먼지로 뒤덮여
은수隱修로 고즈넉이
고요하고 평화로운 마음에 다가왔다
전사자로서의 충성을 다짐하고
순교자로의 용기를 노래하고
선교자로서의 모함을 실천하고
끝까지 민족적 긍지와
나의 성화聖火의 길을 찾아
히말라야의 서리꽃을 찾아 바라본다

십자가 불빛

분수처럼 솟아올라
허공에 찬란한 무지개
불꽃을 던지는 너는
북녘을 향한 밤의 손짓이다

동토에 날아가
떨어져야만 하는 너는
골고다에 있었던 살신殺身의 성인聖人

십자가 불빛이
그들의 영혼을 파고들어
얼은 가슴을 묵향처럼 은은히 녹이리라

구원의 빛이 닿을 그곳에
하늘의 평화가 펼쳐지리라

교회 종탑

나의 소리를 들었어요 듣지 못했어요
내가 이곳에 왔다고
하늘나라를 상상하여 보아요

저곳은 마음의 욕심을 채우고
육신의 눈을 즐겁게 하는
그런 곳이 아닙니다
하늘 말씀 영혼의 세계를 찾아보려고
여기까지 왔네요
세상자리, 명예, 사랑
닭살 돋도록 가슴의 꽃이 피었네요

저 교회 종탑 위의
하늘을 바라보자
무엇이 눈과 귀에 들어오는가

나침반

오늘도 고요한 바다로 일하러 간다
내일은 길고 높은 산으로 등산을 간다
나침반 인도하는 대로 따라가리라

나침반 따라 삶을 살아 가는 것 즐거운 삶의 길
험한 골짜기라도 나침반 따라가리라
말씀 묵상 기도하면서 나침반 따라 한평생 살리라

무애심無碍心

먼 옛날
마구간에서 태어나신 주님

삶 속에 나를 찾아오신 은혜로
참모습의 길을 밝히시며
실타래 같은 세상 향해
하늘 문 여신 말씀

자신을 바라보는
참 삶의 말씀 길 찾아
가을 하늘 흘러가는
흰 구름의 여유처럼
걸림 많은 세속에서
하늘 문 향해 걸어간다

그 먼 곳까지

주일날
강원도 영월에서 서울 영락교회까지
버스와 기차를 타고 갔다 오면
늘 새롭게 차 오르는
마음속 복음의 기쁨

집으로 돌아오면
강아지 토종닭도
달려 나온다

집 마루에 걸터앉아
두 손을 모으면

마루에 걸터앉아 두 손을 모으면
밤하늘엔 어느덧
달과 별이 돋는다

십자가 앞에 서면

영혼의 바람을 일으켜주고
속된 생각을 일깨워주는
신성한 마음의 자세를
가다듬게 한다

내 스스로의 단점조차 승화시켜주고
막힌 길에 서 있는 누군가에
앞으로 나아갈 수 있는 바램을 일으켜준다

나의 심지를 더욱 군건히
뿌리를 내리게 한다

넓은 바다 숲 속에 들어온 것 같이
나의 영혼의 생각을 마신다

나는 누군가에게 해같이 되고 싶다
나는 타향에서 만난 고향의 친구가 되고 싶다

원망과 고통의 삶이지만
십자가 앞에 서면

잠시라도 길을 잃을 때 있지만
내 인생을 송두리째 뽑힐 위기가 닥칠 때도 있지만

그래도 나는 눈 깜짝 않고
강하고 담대하고 맞선다

주일마다 덤덤하게 하고 데면데면 하면
나의 심지는 강철 같은 성질을 지니게 된다

나약하고 초라한 삶을 극복할 때
영원한 진리를 얻을 수 있다

십자가 앞에 서면
내 마음이 정결해진다

세상에 빚진 나그네

우리는 세상의 나그네
긴 겨울과 같은 타향에 사는 우리는
고향에 빚진 나그네

그리스도인들은
하늘 향해 가는 나그네

그리스도의 빚을 졌고
날마다 그리스도인의 빚을 지고 있는 우리는
그리스도의 빚을 언제나 갚을 수 있을까?

따뜻한 내일을 바라보며 걷는 우리는
세상과 그리스도께
빚진 나그네

보통인의 삶

의인의 길을 찾으면서도
우리는 자주
미끄러지고 넘어질 뻔하였다

그러나 악인이라도 때로는 편안하고
재물이 더욱 늘어나고
지름길을 걸으며 빠르고 쉽게 갔다

하지만 악인에게는
반드시 심판이 올 것이고 끝은 망할 것이니
하나님 없는 삶을 좋아하지 말라 하신다

하나님 은혜를 바라며
잠시라도 악인의 형통을
부러워 말라고 하신다

이런 말씀이
언제나 힘이 되게 하소서

당신은 모르고 있었어요

내가
참
슬플 때가 있었어요

당신은
그것을
모르고 있었어요

그러면
내가
책임을 지고
물러갑니다

그래도
당신은
모르고 있었어요

나는 주님을 부르고
위로받았어요
일어설 수 있었어요

은혜

찾아오시는 것
하나님이 함께하시면
은혜입니다

하늘에 나타나시는 것
구름, 바람, 달, 해가 꽃으로 보이면
하나님의 은혜입니다

텅 빈 충만

나이가 차서
떠나야 할 길이라면
조용히 가겠습니다

30년간 뿌린 씨앗처럼
곳곳에 때 묻은 정
가슴 속에 담겨 있더라도

하나님 경작하시는 푸른 하늘 아래
밤마다 숲속을 헤치는 달빛같이
조용히 가겠습니다

바람에 밀려가듯
이별의 터질 것 같은 울음을 누르고
말없이 웃음 지으며
조용히 가겠습니다

십자가

내가 아직도 서울로 가는 것은
참 예수를 만나 말씀을 듣고 싶었습니다

어떤 이는 말합니다
이 촌에도 교회가 있는데

십자가는 보이지 않고
개나리 울타리 처마 끝에서
새들이 노래하고 즐거이 놀고 있습니다

새떼들이 모여 기쁜 찬송을 부릅니다
창세기 말씀으로 새 천지가 보입니다

내가 진정 괴로운 것은
이 소리를 들을 수 없기 때문에

그 먼 서울로 오늘도 갑니다
그 새소리를 먹고 싶어
창밖의 푸른 하늘을 바라보며 갑니다

기도祈禱

솔직한 마음이 없는 가슴은
목소리가 하늘에 울리지 않는다
진실이 담기지 않는 기도는
그 울림이 없기 때문에
하나님은 받지 아니한다

그저 헌신적이고 간절한 소망이라야
기도는
이루어지는 것이다
기독인의 신앙과 지성을 가지고도
어떻게 결정지을 수 없을 때
기도는 나를 도와준다

세상에 어떤 꽃이라도
피지 않는 꽃이 없다는 심정으로
기도해야 한다
기도는
사람의 지친 마음을
도닥여 주는 주님의 음성이다

기도는
나의 마음과
몸을 닦아준다

저 자신을 지켜주는
고희의 마지막 자산이다

흔들리는 십자가

오늘날
십자가가 흔들린다

흔들리는 것은
십자가만이 아니다

살아 있는 것은
모두 흔들린다

생명체만
흔들리는 것이 아니다

교회 사회도 흔들리고
한반도도 흔들린다

빈 방

물질, 권력이
방마다 만원滿員인데
초라한 길손에게
쉴 방이 있겠는가!

동지冬至에 한설寒雪이 쏟아지는
하나님 은총의 자리는
말구유밖에 없구나

전에 사랑한 것
모두 내버리고
모실 방이 없겠는가

세상 것들만 쌓아놓고
빈방 없다 하는구나
나
하늘로 돌아가리라

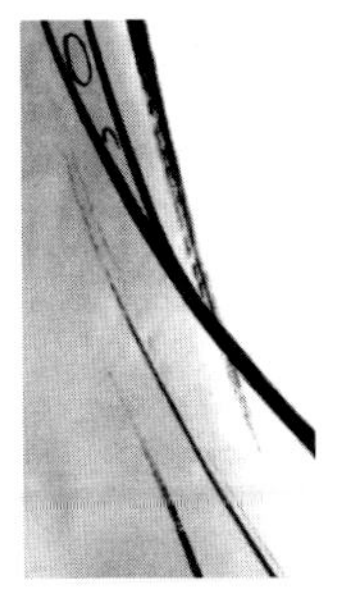

십자가만 흔들리는 것이 아니다.
살아있는 것은 모두 흔들린다.

6부

작품 해설

맑고 순수한 서정과 신앙시의 정수精髓

姜 笑耳(시인, 문학평론가)

1. 들어가는 말

아리스토틀(Aristotle)은 "시는 인류에게 유익하고 신성한 것" 이라고 정의한 바 있다. 셸리(Shelly)는 "하나님과 같은 창조자이며 시인을 통해서 인간은 하느님의 존재를 느낄 수 있다" 라고 하였다. 그리고 "시는 가장 훌륭하고 가장 행복한 사람이 느끼는 가장 귀하고 가장 행복한 순간을 기록한 것(Poetry is the record of the best and happiest moments of the happiest and best minds)이며 시인이야말로 무관의 입법자로서 만인을 다스리는 것" 이라고 했다. 각자의 견해에 따라 시와 시인에 대한 견해나 그 관점과 개념은 다를 수 있지만, 시인은 인류에게 정서함양 및 정신적 승화와 도움을 주는 존재자이다. 그런 관점에서 김성배 시인의 작품 해설을 위해, 작품을 몇 번씩 통독한 후 깊이 있고 순수한 시 세계를 발견하고 기쁜 마음으로 작품 해설을 쓰는 소이(所以)를 미리 밝혀 둔다.

김성배 시인의 작품은 시에 상처가 없다. 어둡거나 거칠거나 투박하지 않다.

김 시인의 시는 한결같이 결이 곱다. 읽는 이들에게 위안과 편안함을 준다. 시집에 나타난 특성과 양상을 가. 서정과 일상을 담은 시편들, 나. 고향을 그리는 시편들, 다. 자연 유람의 시편들, 라. 역사와 현실 참여의 시편들, 마. 신앙의 시편들로 나누어서 그 의미론적 고찰을 하도록 하겠다.

2. 시편 들여다보기

가. 서정과 일상을 담은 시편들

소래포구의 맛

이른 아침부터
소래포구에는 육젓이 없다

김장날
아무것도 모르는 나에게
할머니는
육젓 맛을 보게 한다

내가 맛이 있어 좋다고 하면
할머니는 무조건 산다

온 식구가 좋아하니까

오늘도 할머니는 핸들 카car를 끌게 하고
그 맛을 찾게 한다.

– <소래포구의 맛> 全文

할머니와 손자가 소래포구를 찾아갔던 어린 시절을 회상하는 시다. 아침 일찍, 할머니와 소래포구를 찾아갔으나 육젓이 없다. 육젓이 다 팔려서 육젓이 없는 것이다. 그만큼 6월에 담그는 육젓은 인기가 많아서 구하기 힘든 모양이다.

육젓이 무엇인지 아무것도 모르는 어린 손자에게 육젓 맛을 보게 했던 할머니. "손자가 맛이 좋다" 고 하면 할머니는 무조건 산다. 손자를 사랑하시는 할머니의 정이 듬뿍 느껴지는 구절이다. 온 식구들도 육젓을 좋아한다. 할머니는 돌아가셨지만, 어린 시절의 입맛이 그리워서 오늘도 카(car) 핸들을 끌고 그 맛을 찾아 소래포구를 찾아간다. 소래포구에 대한 할머니와 손자의 따뜻한 추억이 어린 시다.

김성배 시인은 성인이 된 이후에도, 카 핸들을 끌고 할머니 없이 혼자서 소래포구를 찾아간다. 할머니가 맛보게 했던 육젓의 맛이 그리워서겠지만, 어쩌면 할머니의 무조건적인 사랑이 그리워서일 것이다. 대부분 할머니는 손자를 끔찍이 사랑하신다. 무조건 손자가 예쁘다. 손자의 응석을 다 포용해주고 받아주신다. 작은 잘못도 나무라지 않으시고 무조건 예뻐해주신다.

김성배 시인은 손자에서 성인이 되어, 이제 본인의 손주를 두어 손주가 출가할 나이가 되었다. 머리가 허옇게 된 그 날의 손자가 되어, 핸들카를 오늘도 끌게 하는 것은 할머니의 정 - 소래포구에 얽힌 추억일 것이다.

소래포구는 인천광역시 남동구 논현동에 있는 서해안 가의 어항이자 포구이다. 원래 지명은 솔애(좁은 갯가)였다. 솔애를 한자화하여 소래(蘇萊 깨어나게 된다)가 되었다. 당나라 소정방이 왔었다는 설이 있다. 소라처럼 생겼다는 설과 소나무 숲이라는 설도 있다. 오늘날에는 인천시민들의 휴양지가 될뿐더러, 수산물이 들어오는 어항으로 성장하여 항상 성시成市를 이룬다.

어릴 때 할머니와 함께 찾았던 소래포구다. 김성배 시인은 자신도 손자를 둔 할아버지가 되었다. 할머니의 손에 이끌려 찾아갔던 소래포구를 찾아간다. 카 핸들을 끌고…. 소래포구의 육젓의 맛이 그리워서이고, 할머니의 정이 그리워서일 것이다. 유년시절에 대한 회귀 본능일 것이다.

유년시절에 대한 동경, 그리움은 인간의 회귀 본능이라고 심리학자들은 말한다. 장소나 습관, 음식이나 장면, 그것이 무엇이 되었든 어린 시절에 영향력(impact) 있게 쌓인 경험은 개인의 성격과 습관을 형성하는 데 무의식적인 영향을 준다. 어린 시절, 할머니와 소래포구를 찾았던 추억과 육젓의 짭짤한 새우젓 맛은 김 시인의 무의식을 지배해 왔을 것이다. "내가 맛있다고 하면 무조건 사시는 할머니"에 대한 그리움이 무의식을 지배해 왔을 것이다.

연어는 아무리 멀리 떠났다가도 자신이 태어났던 곳으로 돌아오는 회귀 본능을 가졌다는 설이 있다. 인간도 유년시절에 대한 그리움과 유년시절로 돌아가고 싶은 강한 열망과 회귀 본능이 있다.

소래포구에 함께 갔었던 할머니는 이 세상에 계시지 않지만, 해마다 6월이 되면 육젓(새우젓)을 담아 파는 소래포구는 김 시인의 회귀 본능의 공간이 되고 있다. 할머니에 대한 그리움과 추억이 소래포구의 맛으로 늘 기다리고 있었을 것이다.

기다림

오랫동안 갈망하며 그리던 하늘
언젠가 이루어지겠지
그렇게 쏜살같이 지나간 세월
반추해 보니 허무하다
반백 년 애타게 기다리던 시간들
허허벌판 외롭게 핀 들꽃이더라

이제 마지막 노을빛 아름답게
물들이고 싶은 마음인데
안개진 새벽처럼 보일 듯 보이지 않고
잡힐 듯 잡히지 않는 너는
하얀 도화지에 그린 반달

언제 보름달로 채워질 수 있을까
- <기다림> 全文

김성배 시인은 누군가를 오랫동안 갈망하며 그리고 있다. 그래서 그 님은 곧 하늘이다. 세월은 쏜살같이 지나가고 허무하다고 했다. 반백 년(50년)을 애타게 기다리던 시간들 = 들꽃(허허벌판 외롭게 피어 있다)이다. 오랫동안 갈망해오던 세월 = 들꽃으로 은유(metaphor)하고 있다.

흔히 들꽃은 온실 속에 화초와 대조적인 이미지로 그려진다. 거두고 돌보지 않아도, 들판에 핀 들꽃의 이미지는 거칠다. 가꾸는 이 없어도 제 향기로 빛난다. 허허벌판에 외롭게 핀 들꽃에 본인의 감정을 이입한 것으로 보인다. 김 시인이 무엇을 그리워하고, 누구를 그리워하는지 알 수 없어도 본인의 외로움을 객관적 상관물인 들국화(허허벌판에 핀 들국화)에 이입하고 있다.

객관적 상관물은 문학 작품의 다양한 표현방식 가운데 하나로 작가가 자신의 정서를 표현하기 위해서 직접적으로 서술하지 않고 어떤 사물의 특징이나 모양, 행동 등에 의미를 부여해서 자신의 감정을 간접적으로 담아내는 표현방식이다. 토머스 S.와 T.S. 엘리엇이 처음으로 사용한 문구이다. 흔히 감정이입이라고 이해되기도 한다.[1] 는 "모든 좋은 시는 강한 감정의 자연 발생적 표현" 이라고 했다. 소쉬르는 "시인의 감정은 언어에 담기지 않기 때문에 그것과 유사한 사물, 사건, 장면을 찾아 독자에게 제시해야 하며 객관적인 상관물에 이입시켜 주관적인 감정을 객관화시키는 것이라고 했다. 이것이 New Criticism의 형식주의 맥락이다" 라고 주장했다. 위의 시 〈기다림〉에서는 김 시인이 애타게 기다리던 시간들을 "들꽃" 이

1) W.워즈워스 W.워즈워스 1770.4.7. ~ 1850.4.23. 영국 낭만파 시인, 시인 스스로의 감정의 발로만이 진실한 것이며, 소박하고 친근한 언어는 시에 적당한 언어라고 하며, 18세기식 기교적 시어를 배척함.

라고 했다. 비바람을 견디며 굳건하게 생명을 유지해내는 들꽃에 자신의 기다리는 심정을 이입하고 있다. 들꽃처럼 어떤 시련(비, 바람) 속에서도 꽃을 피우는 강인한 "오랫동안 갈망하며 그리던 하늘" 과의 시간을 보름달로 채우고 싶은 것이다.

그리운 님은 안개진 새벽처럼 보일 듯 보이지 않는다. 그 님은 잡힐 듯 잡히지 않는다. 그리운 님을 그리다가 하얀 도화지에 반달을 그렸으나, "언제 보름달로 채워질까" 를 열망하고 있다. 외로운 정서와 그리운 정서가 절절하게 그려진 훌륭한 서정시다. 서정시는 시인의 예민한 감수성이 농축된 시의 본령이라고 하겠다.

앙가주망의 시, 역사시, 풍자시, 극시, 여행시 등 시의 여러 종류 중에서 서정시는 고대로부터 인간 정서의 고갱을 그려내곤 해왔다. 아르킬로스, 사포, 세모니데스, 히포낙스, 솔론, 아나크레온 등 고대 그리스 대표 시인들로의 시로부터 현대 서정시까지 인간 정서를 담아낸 서정시는 시의 본령이다. 우리나라 고구려 유리왕의 황조가 역시 임을 잃고 임을 그리는 심회를 잘 그려낸 서정시다. 우리나라 최초의 비극적 비애를 담은 연정의 서정시를 감상해 보자.

翩翩黃鳥(편편황조) 펄펄 나는 저 꾀꼬리
雌雄相依(자웅상의) 암수 서로 정답구나
念我之獨(념아지독) 외롭구나 이내 몸은
誰其與歸(수기여귀) 뉘와 함께 돌아갈꼬

- 유리왕의 〈황조가〉 全文

황조가의 정서는 외로움과 슬픔이다. 유리왕은 왕비 송 씨를 잃고 두 여인을 계비로 들였다. 골천 출신 딸인 화희禾姬와 한인漢人의 딸 치희雉姬였다. 두 여인은 유리왕의 사랑을 독차지하려는 싸움 끝에, 치희가 자신의 나라인 한나라로 돌아가 버렸다. 유리왕이 말을 타고 뒤쫓아 갔으나, 치희는 이미 국경의 강을 건너 자신의 나라로 떠나버렸다. 임을 잃은 슬프고 외로운 감정을 꾀꼬리에 빗대어 슬퍼하는 비애를 담은 서정시다. 나뭇가지 위에 꾀꼬리는 암수가 서로 정답기만 한데, 함께 돌아갈 연인(치희)을 잃었으니 유리왕의 심정은 외롭고 슬픔으로 가득 차 있다. 김성배 시인의 시 〈기다림〉도 외로움이 가득하다. 반 백 년 동안 애타게 그리워 해오기만 하는 삶이 슬프기만 하다. 사랑을 이루지 못한 짝사랑이나 외사랑은 슬프고 외로운 것이다. "도화지에 그린 반달 언제 보름달로 채워질 수 있을까"와 유리왕의 "뉘와 함께 돌아갈꼬"는 어조와 정서가 동일하다고 하겠다. 유리왕의 〈황조가〉는 치희를 잃은 상실감과 절망감으로 외롭고 슬픈 정서다. 김성배 시인의 〈기다림〉은 반달이 보름달로 채워질 희망이 있다. 그러나 두 시의 공통점은 외로움이라는 공통분모를 갖고 있다.

김성배 시인의 〈기다림〉은 우수한 서정시의 백미라고 하겠다. 하늘, 들꽃, 노을빛, 안개진 새벽, 하얀 도화지, 반달, 보름달의 시각적인 이미지로 시를 회화적으로 형상화 낸 훌륭한 서정시라고 하겠다.

치자꽃

통영 남쪽에서
묘목 하나를 받아왔다

10년 만에
처음으로 선사 받은 나무
아파트 화단에 치자꽃 하얗게 피었다

- 중략 -

손가락 굵기의 묘목에
약 50송이가 피어서
그윽한 향기를 풍기는 꽃

온 아파트 뜨락을
치자꽃 내음으로 적신다
금년 봄은 길었으면 좋겠다
- <치자꽃> 일부

치자꽃이 아파트 뜨락을 덮은 풍경을 수채화처럼 시로 그려냈다. 치자꽃 내음이 아파트 뜨락을 적신다. 금년 봄이 길었으면 좋겠다는 열망을 보이는 시다. 치자꽃이 지지 않고, 치자꽃 내음이 계속되는 봄이 길었으면 좋겠다는 열망이 담긴 시다. 꽃, 자연을 사랑하는 심정이 잘 드러난 시다. 〈느티나무〉도 한편 더 감상해 보자.

느티나무

봄이 늦게 찾아오는구나!
나비도 꽃향기를 찾아
느티나무를 찾지만 오뉴월이 되어야

나는 시골 입구에 정자나무가 되어
여름이면 시원한 그늘과 바람을 모아
온 동네 남녀노소들의
더위와 쉼터가 되어
웃음꽃이 핀다네

나는 이 마을의 휴식처로 살아가고파
- <느티나무> 全文

위 시에서도 온 동네 남녀노소들이 더위의 쉼터를 찾아 웃음꽃이 피는 광경을 시로 그리고 있다. 나비가 꽃향기를 찾듯이 오뉴월이 되면, 사람들은 느티나무 그늘을 찾아든다. 녹음이 울울창창한 신록의 오뉴월이 되면, 시원한 느티나무 그늘에 앉아 나뭇잎의 향기를 맡으며 사람들은 마음을 쉬다. 자연 속에 귀화하고 싶어하는 정서가 두드러지게 잘 나타난 시다. 또한, 김성배 시인은 느티나무처럼 마을의 휴식처가 되고 싶어한다. 사람들의 휴식처로 누군가에게 사막의 오아시스와 같은 안식처가 되고 싶어한다. 쉴만한 물가처럼, 쉴만한 느티나무 그늘이 되어 사람들에게 공헌하고 싶어하는 심정이 짙게 보이는 시다. 기독교 정신의 발로라고 하겠다.

나. 고향을 그리는 시편들

고향의 향기

가을은 오곡백과 황금 물결 무르익고
만선의 깃폭 올려 저물면 바닷가에서
호롱불 밝혀 들어 오는 배를 마중하는 철뚝 선창가

먼바다 고기잡이 나갔던 만선들의 귀향길
화물선 바람 불고 바닷길 환희 밝혀
떨어진 섬과 섬을 등대가 비춰 주는 길이어라

바닷가 바람 소리 교회의 새벽 종소리
시냇물 흐르는 소리
들판은 하늘까지 담을 수 있을까
넓은 들판을 가진 고성 하늘을
끝까지 가슴에 담고
바다는 잔잔하게 웃으며 찰랑거리고 있다
– <고향의 향기> 全文

김성배 시인의 고향은 고성이다. 〈고향의 향기〉는 한 폭의 수채화를 보는 것 같다. 1) 오곡백과 황금 물결, 2) 만선의 깃폭, 3) 철뚝 선창가 – 호롱불 밝혀 돌아오는 배를 마중함, 4) 만선들의 귀향길, 5) 섬과 섬을 등대가 비춰주는 길의 다섯가지 시각적 심상을 그려내고 있다. 1) 바람 소리, 새벽 종소리, 시냇물 소리의 청각적 심상을 그려내고 있다. 위에서 보는 것과 같이 시각과 청각적 심상으로 고향의 향기를 시에 담아낸다. 그런데 주목할 표현은, "들판은 하늘까지 담아낼 수 있을까/ 넓은 들판을 가진 고성 하늘을" 라고 한 표현이다. 표현의 압권이다. 들판은 하늘까지 담지 못한다는 것을 강조하고 있다. "넓은 들판을 가진 고성 하늘을 끝까지 가슴에 담고 / 바다는 잔잔하게 찰랑거리고 있다" 이미지의 잔치를 보이는 〈고향의 향기〉는 평화로운 풍경화다. 이런 곳을 고향으로 둔 이들은 호연지기(浩然之氣)의 넉넉한 넓은 마음을 지닐 것 같다. 〈고향을 그리다〉(1), 〈고향을 그리다〉(2)의 시에서도 김 시인은 고향을 그리워한다. 누구나 자신의 고향이 그리울 것이다. 그리운 친구들, 뒷동산의 애틋한 추억들, 향수병에 걸린 고향에 대한 애정, 벽방산의 진달래꽃, 울타리에 개나리, 뒷동산의 복사꽃, 밤하늘에 빛나는 별, 반딧불이가 보석처럼 반짝임. 멍석 위의 빨간 고추, 담장 위엔 탐스러운 호박, 굴뚝에 피어오르는 연기, 지붕 위에 하얀 박꽃 피어나던 고향 집. "고향은 따뜻한 그리움" 이라고 했다. 〈텃밭에서〉라는 시에서도 "고춧대, 가지, 호박, 부추, 상추 씨, 시금치 씨, 쑥갓 씨, 들깨 씨가 등장한다. "여름이 되어 초복, 중복이 지나고 나면/ 텃밭의 고마움을 느끼면서/ 삶의 보람을 이웃과 함께 기쁘게 살아가 보세" 라고 읊고 있다. 텃밭, 시골의 토속적인 분위기가 느껴지는 시다. 이웃과 기쁘게 살아가고 싶어하는 상생相生을 추구하는 삶의 자세가 돋보인다. 이 시의 결구를 읽으니, "이웃을 네 몸과 같이 사랑하라" 는 성서의 가르침 대로 이웃과 더불어 살 것을 다짐하는 삶의 태도가 엿보인다. 다음의 시 〈고향의 봄〉은 고향을 노래한 어떤 시들보다 뛰어난 수작秀作이라고 하겠다.

고향의 봄

동해의 거류산 자락에
형님이 계신다

거류산 벽방산 기슭에
새봄이 오는데

삼삼면 앞바다
남해 금산에도
새봄이 오고 있다

아버지 어머니 산소엔
새봄이 안 오는가

부모님 인생사 굽이마다
그 고통 슬픔 생각하면
감출 수가 없다

고향 부모 생각해도
다 소용없지만

그래도 저 하늘나라 갈 때
가져갈 하나 없어도

그리워지고
가보고 싶고

언제 내 가슴에도
새봄이 오겠는가!

– <고향의 봄> 全文

고향에 형님과 부모님의 산소가 있다. 삼삼면 앞바다, 남해 금산에도 새봄이 오고 있다. 산소에도 새봄이 온다. 부모님과 형님의 산소를 둘러보면서, 삶에 대한 사유를 깊이 성찰한다. 일상적인 공간을 벗어나 자신의 삶을 성찰할 수 있는 공간 – 산, 바다, 사원, 교회, 성당, 묘지, 도서관, 인디언

텐트 등이 헤테로토피아의 공간이다. 헤테로토피아는 일상적인 공간이 아니다. 일종의 현실화된 유토피아이며, 모든 장소의 바깥에 있는 장소이다. 미쉘 푸코[2]는 이것을 삶을 돌아보고 성찰하게 하는 공간이라고 했다. 일상의 내가 이 공간에 가면 자신을 내려놓고 삶을 돌아보는 공간이 되기 때문이다. 5연을 보면, 부모님 인생사에는 고통, 슬픔이 있었다. 그리고 시인은 삶을 사유한다. 7연에서 "하늘 나라에 갈 때 가져갈 수 있는 게 아무것도 없다" 는 걸 고백한다. 부모님과 형이 누워계신 산소에도 봄이 오고, 시인에게도 해마다 봄이 올 것을 안다. 겨울(고통, 슬픔의 계절)이 지나고 봄(재생, 부활, 희망)이 다시 올 것을 안다. 이 시에서 김 시인은 인생의 순환을 사유하고 있다. 계절의 순환을 사유하고 있다. "그리워지고/ 가보고 싶은// 언제 내 가슴에도 새봄이 오겠는가!" 라고 했다. 젊은 날과 같은 봄의 계절이 오길 갈망하는 간절함이 절절한 구절이다.

사무엘 율만이 78세에 지었다는 〈청춘〉 시가 떠오른다.

청춘/ 사무엘 율만

청춘이란 인생의 어떤 한 시기가 아니라
마음가짐을 뜻하나니
장밋빛 볼, 붉은 입술, 부드러운 무릎이 아니라
풍부한 상상력과 왕성한 감수성과 의지력
그리고 인생의 깊은 샘에서 솟아나는 신선함을 뜻하나니

청춘이란 두려움을 물리치는 용기,
안이함을 뿌리치는 모험심,
그 탁월한 정신력을 뜻하나니

2) 미쉘 푸코는 1926. 10. 25~1948. 6. 25. 프랑스의 철학자. 권력 지식 담론과 같은 개념을 고고학 계보학적 방법론을 사용하여 사회를 비판적으로 분석했다. 문학과 관련된 저서로는 「언어와 사물」(1966)이 있다.

때로는 스무 살 청년보다 예순 살 노인이 더 청춘일 수 있네.
누구나 세월만으로 늙어가지 않고
이상을 잃어버릴 때 늙어가나니

세월은 피부의 주름을 늘리지만
열정을 가진 마음을 시들게 하진 못하지.
근심과 두려움, 자신감을 잃는 것이
우리 기백을 죽이고 마음을 시들게 하네.
그대가 젊어 있는 한
예순이건 열여섯이건 가슴 속에는
경이로움을 향한 동경과 아이처럼 왕성한 탐구심과
인생에서 기쁨을 얻고자 하는 열망이 있는 법,

그대와 나의 가슴 속에는 이심전심의 안테나가 있어
사람들과 신으로부터 아름다움과 희망,
기쁨, 용기, 힘의 영감을 받는 한
언제까지나 청춘일 수 있네.

영감이 끊기고
정신이 냉소의 눈[雪]에 덮이고
비탄의 얼음[氷]에 갇힐 때
그대는 스무 살이라도 늙은이가 되네
그러나 머리를 높이 들고 희망의 물결을 붙잡는 한,
그대는 여든 살이어도 늘 푸른 청춘이네.

다. 자연 유람의 시편들

김성배 시인은 여행을 좋아하는 모양이다. 〈남산에 올라서서〉, 〈인천대공원〉, 〈자유공원〉, 〈센트럴파크〉(1), (2), 〈백령도〉, 〈노루목에 피는 꽃, 〈대관령의 봄〉, 〈대관령의 가을〉, 〈태백산을 오르면〉, 〈장봉도〉, 〈낙화암에서〉, 〈청령포 앞에서〉1, 2 〈운악산 연가〉, 〈상족암 연가〉 등의 시를 자연, 유람의 시편들로 묶었다. 여러 곳을 유람하면서 여정 속에서 느낀 정서를 시로 담아내고 있다. 문학적인 형상화가 빼어난 작품들이 대부분이다. 그중에 몇 편만을 살펴보자.

노루목에 피는 꽃

가을이 깊어가는 계곡
단풍이 물드는 소리
도토리 벌어지는 소리

숲속에 새 우는 소리
계곡에 물 흐르는 소리
노루목에 피는 구절초에

고추잠자리 두 마리 앉아
계곡의 하늘과 단풍 꽃잎
가을의 그윽한 계곡의 향기

우리의 모진 가을의 가슴
노루목에 핀 꽃잎 되어 떨어진다
- <노루목에 피는 꽃> 全文

이 시에서는 시각, 청각, 후각적 이미지의 잔치를 보는 것 같다. 1) 단풍, 2) 노루목에 피는 구절초, 3) 고추잠자리 두 마리, 4) 계곡 하늘과 단풍 꽃잎, 5) 노루목에 핀 꽃잎 등의 시각적 이미지를 볼 수 있다. 또한, 1) 도토리 떨어지는 소리, 2) 계곡에 숲 새우는 소리, 3) 계곡에 흐르는 물소리 등의 청각적 이미지를 볼 수 있다. 더 나아가 "가을의 그윽한 계곡의 향기"라는 후각적 이미지를 표현하고 있다. 이처럼 여러 이미지로 가을에 노루목에 피는 꽃을 노래한 듯하다. 평화롭고 그윽한 가을의 향기가 시에 물씬 풍겨난다. 그러나 시의 결미에서 시인은 "우리의 모진 가을의 가슴/ 노루목에 핀 꽃잎 되어 떨어진다" 고 했다. 모진 가을의 가슴이란 무엇일까? 슬픔과 아픔으로 상처난 모진 가을의 가슴 – 조락과 절망, 낙엽 지는 쓸쓸함을 바라보는 낙담의 가슴일까? 모진 가을의 가슴이 "꽃잎 되어 떨어진다" 고 했다. 1~3연까지 평온했던 가을 풍경이 갑자기 우수憂愁에 찬 슬픔의 정서로 바뀌었다. 나뭇잎이 지고, 꽃잎이 떨어지는 것은 자연의 이치다. 자연의 순리다. 조락의 가을을 받아들이고, 부활과 재생의 새봄이 올 것을 기다리는 희망의 한 줄을 기대해 본다.

대관령의 봄

따스한 바람이 불어오나
산간에 서리는 내리지만
눈이 녹고
노루는 고랭지 배추밭에서
풀을 뜯는다

농부는 쟁기질 하고
씨감자를 심는다

얼룩소는 방목하고
기르는 아낙 손길을 기다린다
– <대관령의 봄> 全文

대관령의 겨울

대관령에 눈이 온다
황태 덕장에 내리는 초겨울의 눈은
밤이 되어도 그치지 않는구나
날이 밝아도 산골 외딴집에 갈 수도 없다
쌓여가는 눈
긴 덕장에 쌓인 눈을 털어낸다

53개의 풍력발전기가 힘차게 돌고
쌓인 눈이 노루의 생존을 위협한다
숫사슴이 양지바른 쪽에 나와
나뭇가지를 잘라 먹는다

암노루는 하얀 눈 속에 누워 있다
눈은 오늘도 내리고 있다
– <대관령의 겨울> 全文

〈대관령의 봄〉, 〈대관령의 겨울〉은 대관령을 유람하고 쓴 시일 것이다. 대관령의 봄과 겨울을 대비적으로 그려내고 있다. 〈대관령의 봄〉에서는 박목월의 〈나그네〉의 시에서처럼 목가적인 평화로운 풍경이 조용히 그려진 평화로운 시다. 〈대관령의 겨울〉 풍경을 그림을 그리듯이 그려내고 있다. 대관령의 눈, 황태 덕장, 외딴집, 53개의 풍력 발전소, 노루, 수사슴이 나뭇가지를 잘라 먹음, 눈 속에 누워 있는 암노루, 오늘도 내리는 눈. 한 폭의 풍경화다. 김성배 시인의 시는 평화롭고 목가적이다. 시각적인 이미지로 목가적인 이미지를 잘 그려내고 있다. 김성배 시인의 시는 평화롭다. 읽고 나면 평안이 느껴진다. 마음에 위안이 느껴진다. 큰 고난 없이 하나님의 은혜 속에서, 장로님으로 살아오셔서 그런지 시에 상처가 없다. 김 시인의 시에서는 잔잔한 호수가 느껴진다. 그러면서도 역사 유적지를 소재로 한 시들은 역사적인 비운이나 울분 또는 교훈적인 내용이 언뜻언뜻 보이기도 한다.

백제는 한강 유역을 차지하고 평화를 누리던 온화한 민족이었다. 장수왕의 남하 정책을 피해서 웅진(오늘날 공주)으로 수도를 천도하고 사비성(오늘날 부여)으로 수도를 옮겼다가 나당연합군에게 멸망하기 전까지는 그러하였다. 왕인과 아직기가 일본에 한자를 전해 주고, 도자기 굽는 기술도 전수할 정도로 매우 뛰어난 민족이었다. 예술을 사랑하고 문화가 부흥

한 우수한 민족이었다. 백제가 멸망할 때의 비운이 서린 〈낙화암에서〉 시에서 김성배 시인이 읊고 있는 시의 정수를 감상해 보자.

낙화암落花巖에서

배롱나무 꽃을 뒤로하고
부소산성扶蘇山城의 서북쪽
낙화암 백화정에 선다

깎아지른 절벽
강물을 내려다보며
삼천궁녀가 반공에 몸을 던진 곳

꽃들이 사비수泗沘水에 떨어졌던 자리에
흰 새벽달이 물끄러미 떠 있고
고란사皐蘭寺 쇠북 소리가
백마강에 젖는다

– <낙화암落花巖에서> 全文

시인은 배롱나무꽃을 뒤로하고, 부소산성 서북쪽 낙화암 백화정에 선다. 절벽이 깎아지른 듯 강물을 내려다보고 있다. 이곳에서 삼천궁녀가 반공에 몸을 던졌다. "꽃들이 사비수에 떨어졌던 자리에/ 흰 새벽달이 물끄러미 떠 있고/ 고란사 쇠북 소리가 백마강에 젖는다" 고 했다. 표현의 백미다.

쇠북 소리가 공기 중에 퍼지는 게 맞다. 그런데 "백마강에 젖는다" 고 했다. 쇠북 소리가 백마강에 젖는다니? "소리가 물에 젖는다." 는 표현이 과학적으로 이치에 맞는 말은 아니다. 비논리적이다. 그러나 시인의 표현에서는 "쇠북 소리가 백마강에 젖는다" 는 게 가능하다.

낙화암은 충남 부여군 부여읍 부소산에 있는 큰 절벽이다. 낙화암에서 있었던 백제 말기의 일을 모르는 이들은 없을 것이다. 나당연합군 군사들이 몰려오자 의자왕의 3천 궁녀는 낙화암에서 백마강에 몸을 던진다. 고란사 벽화에는 삼천궁녀가 치마를 뒤집어쓰고, 강물에 몸을 던지는 장면이 그려져 있다. 시인은 낙화암 백화정에 서서 강물을 내려다본다. 고란사 쇠북 소리가 반공(허공)에 흩어지지만, 시인의 감수성은 쇠북 소리가 백마강에 젖는다. 삼천궁녀의 한恨과 백제 멸망의 슬픔이 백마강에 젖는 것으로 느껴진 것이다. 망국의 슬픔, 삼천궁녀와 백제 의자왕의 슬픔이 눈물 되어 젖고 있음을 시인의 마음으로 읽고 있는 것이다. 시인은 남들이 보지 못하는 것을 보고, 남들이 듣지 못하는 것을 듣는 예민한 감수성의 소유자이다. 예민한 감수성의 마음 온도계로 느끼고 읊어내는 것이다. 백제가 멸망한 지 몇 백 년이 지났다. 그저 흐르고 흐르는 백마강 푸른 물줄기를 보면서, 김 시인은 몇백 년 전에 이 강에서 있었던 일을 상상하며 그때의 아픔과 한恨, 슬픔을 느껴보는 것이다. 여기에 "흰 새벽달이 물끄러미 떠 있고" 라고 했다. 물끄러미, 몇백 년 전에도 사비수에 떨어지는 꽃들을 물끄러미 내려다보고 있었으리라고 상상하는 것이다. 낮달이…. 역사에 개입하지 못하는 방관자로서의 낮달을 "물끄러미" 라는 표현으로 읊어낸 표현에 놀라움을 느낀다. 〈청령포 앞에서〉 1, 2도 조선의 6번째 왕이었던 비운의 단종 유배지에서 느낀 심회를 그린 시다.

청령포 앞에서 1

봉래산 숲속에서 설한雪寒에 슬피 울고
가슴에 마른 사연 두견새는 말이 없다
청령포 한양을 접고 관음송은 돌아 흐른다

세월에 잊어왔던 숙부를 원망하는
저녁놀 지는 저 별 한양을 비추는데
어디서 두견새 소리 청령포를 달랬다

-<청령포 앞에서 1> 全文

청령포 나루터에서 2

청령포 나루터에서
한양에 계신
님을 그린다

관음송을
높이 쳐다보면
두견새 슬피 우는 소리
가슴을 적신다

봉래산에 올라
한양의 노을 보니
애잔한 마음
사그라진다

–<청령포 앞에서 2> 全文

두견새는 두견이과에 속하는 새다. 우리말로 접동새다. 소쩍새라고도 불린다. 시인은 청령포 나루터에서 관음송을 쳐다보았다. 관음송 가지에 앉아 두견새 소리를 듣는다. 새들이 지저귀는 것은 새들의 본능이다. 세력권을 알리고, 배우자를 유인하거나 새끼나 무리와 의사소통을 하기 위함이다. 김성배 시인과 새소리와는 무관하다. 그러나 새들이 지저귀는 소리를 듣고 "슬피 우는 소리" 라고 느낀다. 단종은 청령포에 유배되어 갇혀 있었다. 삼촌인 수양대군에게 왕위를 빼앗겼으니, 억울하고 슬펐을 것이다. 그래서 단종이 두견새가 지저귀는 소리를 들었을 때, "슬피 우는 소리 가슴을 적신다" 라고 읊었을 것이다. 애잔한 마음이 이는 시다.

라. 역사와 현실 참여적인 시편들

진도대교 밑에서

울돌목 센 물결에
회오리 바다 물결 출렁거리고
거품같이 다 꺼지고

북소리 울리는 승전 소리에
저 님 우뚝 서 계시다
-<진도대교 밑에서> 全文

김 시인은 진도대교 밑에 서서 임진왜란 당시에 승전 소리를 상상한다. 북소리가 울리는 것과 저 님(이순신 장군)이 우뚝 서 계신 것을 상상한다. 울돌목 센 물결에 회오리 바다 물결 출렁거리는 것을 시인은 상상한다. 그러나 회오리 바다 물결도 거품같이 다 꺼진 것을 상상해 낸다. 몇백 년 전에 울돌목에서 있었던 회오리같이 정신없던 격전의 거품같이 다 꺼졌다고 했다.

시는 상상력의 발현이다. 진도대교 밑에 서자 몇백 년 전에 울돌목에서 있었던 명량해전(1597.9.16.)을 시인은 상상력 속에서 소환해 내고 있다.

상상력이란 신화적 상상력에서부터 원형적 상상력, 몽상적 상상력, 꿈의 상상력 등 다양하다. 현실에서 일어나지 않았지만, 어떤 자연물, 사물이나 건축물 등을 보고 작가가 상상과 예민한 감수성으로 느껴내는 창조적 상상력이야말로 시를 독창적이게 한다. 시의 생명은 이미지와 독창적인 상상력이라고 하겠다. 충무공을 소재로 한 다음 시도 감상해 보자.

벽파진
- 이충무공 전첩지

벽파진 푸른 바다여

너는 그 영광스러운 역사를
가졌구나
이순신 장군이 가장 외롭고
가장 외로운 고비에서 빛내고
우뚝 선 여기어어라

이겼다
지나는 이들이 이마 숙이소서
목숨 바쳐 천추의 우륙신이 되었나니
-<벽파진> 全文

대학에서 국어국문학을 전공하고 고등학교에서 국어교사를 지냈던 김성배 시인은 역사의식이 투철하다. 우리나라 국민이라면 누구나 국어를 사랑할 테지만, 국어국문학을 전공하셨으니 우리 글과 우리 문학을 사랑하는 마음은 놀랍도록 뛰어날 것이다. 문학은 사회, 역사를 반영하므로 「임진록」(작가 미상), 임경업 장군의 일생을 다룬 「임경업전」(작가 미상), 「징비록」(류성룡 著)과 같은 조선 시대의 전쟁 문학도 공부하였을 터이다. 벽파진 푸른 바다를 보고, 이순신 장군의 승전과 영광스러운 역사를 떠올렸을 것은 당연한 일이리라.

그런데 "장군이 외롭고 가장 외로운 고비에 우뚝 선 여기(벽파진)를 직시하는 직관력 또한 놀랍다." 천추의 우륙신이 되었다고 했다. 그러니 지나는 이들에게 이마를 숙이라고 한다. 목숨을 바쳐서 우륙신이 되신 충무공에게 이마 숙여서 예우를 다하라는 것이다. 김성배 시인은 교감 선생님으로 은퇴를 하셨으니, 평생 교육자의 길을 걸으셨다. 〈벽파진〉 시에서도 교육자답게, "이마를 숙이소서" 라고 교훈하고 있다.

세월호 팽목항에서

그들의 꿈

기억하겠습니다
세월호의 진실, 진실
영원히
잊지 않겠습니다

침몰 참사 476명
다짐
그리고
다짐으로
별이 되어라

그날의 약속
416명 인양구조

그날의 약소
희생자 잊지 말자

- <세월호 팽목항에서> 全文

2014년 4월 16일, 진주 팽목항에서 세월호 배가 침몰당하였다. 단원고 학생들이 제주도로 수학여행을 가다가 476명의 학생이 참사를 당했다. 참사를 당한 학생들에게 "별이 되어라" 라고 기원하며 416명이 인양 구조되었지만 그 날의 비극, 희생자를 잊지 말자고 교훈하고 있다. 교육자다운 시다.

행진하여 가라

코로나 19가 지구촌을 덮친 지 3년이 가고 있다네
오늘 하나님은 온 세상에 운행하고 계시고
우리는 2022년 앞에 서 있다
하나님께서 광야의 이스라엘 백성을 인도하시듯
우리는 넉넉히 이겨낼 것이라고 확신한다

우리의 영혼 깊은 곳에
하나님의 평화가 충만하기를 원하고
가정에는 웃음꽃이 피고
일터에는 일의 보람과
수고가 가득하시길 기원한다

이스라엘 백성은 40년 만에 애굽에서 나왔다
하나님께서는 그들의 신음을 들으시고
모세를 보내
하나님의 팔과 강한 손으로
이스라엘을 건지셨다
홍해를 건너 광야를 거쳐

르비딤을 거쳐
3개월이 될 때 광야에 도착했다
우리가 말씀으로 살아갈 때는
오합지졸이 아니라
분명한 목표를 가지고 의연하고 당당하게
행진곡을 부르면서 가는 것이다

우리들은 하나가 되어
하나님께서 가르치시는 손가락을
똑바로 잘 익혀 보면서 전진하자

– <행진하여 가라> 全文

위의 시는 신앙으로 보는 사회 현상에 대한 담론이다. 코로나 19는 2019년부터, 이 시에서는 1922년까지 지속된 것을 알 수 있다. 2023년 들어서, 야외에서 마스크 착용도 해제되었고 느슨해진 것은 사실이다.

코로나 바이러스로 인해서 전 세계는 감금, 구속된 것처럼 모임과 회합도 규제된 채, 고난 속에 있었다. 마치 이스라엘 백성이 애굽에서 출애굽하지 못한 채 고난을 받는 것과 같은 상황이라고 시인은 시에서 설정하고 있다. 코비드로 인한 규제와 통제. 거기서 해방되고 싶은 열망이 상충하고 있다. 1연에서 "이스라엘 백성을 광야에서 인도하시듯, 넉넉히 이겨낼 것이라고 확신한다." 3연에서처럼, 출애굽시켜 주시는 하나님, 하나님께서 인도하시는 과정을 묘파하고 있다. 그래서 김 시인 이 궁극적으로 기원하는 것은 2연에서처럼 "우리의 영혼 깊은 곳에/ 하나님의 평화가 충만하기를 원하고/ 가정에는 웃음꽃이 피고/ 일터에는 일의 보람과/ 수고가 가득하시길 기원한다" 하나님의 평화가 우리의 영혼 깊이 충만하고, 가정과 일터에도 보람과 기쁨이 넘치길 기원하고 있다. 사회에서 일어난 일을 외면하지 못하고 어서 극복되고 이겨내길 기원하는 동참(앙가주망적인 현실 참여)을 볼 수 있다.

마. 신앙의 시편들

김성배 시인은 몇 년 전에 히말라야에 다녀왔다. 본인이 직접 히말라야에 가서 체험하고, 정상까지 암벽 등반을 못 했으나 정상에 오른 듯이 상상의 세계를 펼친다.

히말라야의 서리꽃 1
　　　- 自畵像

카시밀과 쟈무고원
아스라이 바라보이는
히말라야의 하얀 영봉들을 위로 하고
인도의 젖줄, 인더스와 갠지스강이 흐르는 판잡

깊은 밤

이른 새벽에
산으로 들어가 기도한 나의 삶
고요한 산속의 서리꽃 풀숲 옆
바위가 기도처
여기가
새벽을 깨우면서 산 삶
영원의 순간처럼
순간도 영원처럼 산 삶이
오늘 삶에도 깨끗하고
내일 죽음에도 깨끗한 자취를 남기자

-<히말라야의 서리꽃 1> 全文

히말라야는 인도와 중국 티베트 사이에 있는 산맥이다. 세계에서 가장 높은 에베레스트산을 비롯하여 높은 산이 많이 있으며 빙하도 많다. 김 시인은 인도의 젖줄, 인더스와 갠지스강이 흐르는 판잠에서 히말라야의 하얀 영봉(봉우리)들을 위로 올려다본다. 봉우리마다 눈에 덮여있다. 설산雪山이다. 흰색이라서 더욱 깨끗하고 영험한 느낌이 들었을 것이다. 너무 춥고 너무 높아서 인간이 오르기에는 한계가 있을 것으로 보이는, 그래서 어쩌면 신의 영역으로만 느껴지는 곳이다.

시인은 깊은 밤에도 이른 새벽에도 산으로 들어가 기도한다. 기도하러 들어갔던 산에서 서리꽃을 발견한다. 서리(white/hoarfrost)는 대기 중의 수증기가 지상의 물체 표면에 얼어붙은 것이다. 땅 위의 표면이 냉각으로 차가워지고, 그 위에서 수증기가 승화하여 생기게 된다.

산에 피어난 식물과 꽃잎에 서리가 내렸다. 식물이 갖고 있던 자체의 수분이 냉각된 것이 꽃송이나 식물 이파리 가장자리에 하얗게 얼었다. 나름대로 아름다운 자태를 풍긴다. 김 시인은 기도하러 들어간 산속에서, 서리꽃 풀숲을 본다. 풀숲 옆 바위가 김 시인의 기도처라고 했다. 새벽 미명에 예수님도 기도하러 한적한 곳으로 가셨다고 했다. (마가복음 1:35 새벽 오히려 미명에 예수께서 일어나 나가 한적한 곳으로 가사 거기서 기도하시

더니)

김 시인은, 영원의 순간처럼 순간도 영원처럼 살아왔던 삶을 반추한다. 서리꽃을 보면서 오늘 삶도 깨끗하게 살 것을 성찰한다. 내일 죽더라도 깨끗한 자취를 남기자고 다짐한다. 산으로 기도하러 들어갔던 삶을 성찰한다. 서리꽃 풀숲을 상상해 보면 깨끗하고 정결한 이미지가 펼쳐진다. 누구라도 히말라야 산기슭의 서리꽃 풀숲을 보면, 정결함에서 정결함과 성스러움에서 성스러움을 느끼게 될 것 같다. 특히, 유년시절부터 신앙생활을 해왔던 신실한 하나님의 사람, 김성배 시인의 눈에는 더욱 정결한 성찰의 공간이 되었으리라.

히말라야의 서리꽃 2

앞뒤도 없는 통옷을 입고
하늘 말씀이 삶으로 이어져
사는 경지에 서 있다
어느 인이 세상 죄를 다 짊어지고,
자기 목숨을 내놓을 수 있을까?
산다고 하는 것,
이 은혜를 갚아가는 것.
매일 죄를 씻어내고,
내 삶의 밭에
감사와 사랑의 씨를 뿌리며 살자.
그리하여
내 삶이 향기 날리는
주님의 동산이 되게 하면서 살자.
내 머리에 두른 터번도
황진과 땀으로 범벅이 될 때까지 기도하자

-<히말라야의 서리꽃 2> 全文

김 시인은 서리꽃을 보면서 예수 그리스도를 연상한다. "어느 의인이 세상 죄 다 짊어지고, 자기 목숨을 내놓을 수 있을까" 를 질문한다. 예수님의 삶을 연상해 내면서 예수그리스도의 은혜를 갚아가는 것, 매일 죄를 씻어내고 삶의 밭에 감사와 사랑의 씨를 뿌리며 살기를 다짐하며 제안한다. 향기 날리는 주님의 동산이 되게 하면서 터번(머리에 두른 수건)이 땀으로 범벅이 될 때까지 기도하기를 자신에게 다짐한다.

히말라야의 서리꽃 3

오늘 청명한 날씨
푸른 하늘을 머리에 인 듯
산봉우리에 흰 구름이 감돌기 시작했다
눈 속 바위 밑을 휘돌며
흐르는 계곡의 맑은 물
목을 축이기도 한다
터벅터벅 서리꽃
나무 풀숲을 찾아들었다
님의 무릎, 가슴에 안겨
히말라야 눈 덮인 정상을 향해
걸어가는 고달픈 나의 모습
때론 가시덩굴에 긁히고
돌부리에 채여 넘어지면서
위만 보고 달려갔다
이 적막한 하얀 산속을
누가 인도하고 있을까?

– <히말라야의 서리꽃 3> 全文

산봉우리에 흰 구름이 감돌기 시작했다고 했다. 계곡의 맑은 물에 목도 축이기도 하면서, 서리꽃 나무 풀숲을 찾아들었던 체험을 시로 형상화하고 있다.

"임이 무릎, 가슴에 안겨/ 히말라야 눈 덮인 정상을 향해/ 걸어가는 고달픈 나의 모습/ 때론 가시덩굴에 긁히고/ 돌부리에 채어 넘어지면서/ 위만 보고 달려갔다" 라고 했다. "이 적막한 하얀 산속에/ 누가 인도하고 있을까" 신앙심이 돈독한 장로님답게 하나님을 사유한다. 적막한 하얀 산속에서 김 시인을 인도하실 분은 오직 유일하게 한 분 하나님이시리라. 예수님을 연상하고, 하나님의 인도하심을 깨달으며 신앙인으로서, 서리꽃 풀숲에서 자기 자신을 만난다.

히말라야의 서리꽃 4

난 믿었다
어느덧 세월이 흘러
노을 달빛이 은은하게 숲속에 드는 밤
님의 모습이 계류溪流처럼
선명하고 깨끗해 보였다
혹독한 교육 삶의 고행苦行으로
몹시 말라붙어버린 나의 몸
피부는 더러운 때와 먼지로 뒤덮여
은수隱修로 고즈넉이
고요하고 평화로운 마음에 다가왔다
전사자로서의 충성을 다짐하고
순교자로의 용기를 노래하고
선교자로서의 모험을 실천하고
끝까지 민족적 긍지와
나의 성화聖火의 길을 찾아
히말라야의 서리꽃을 찾아 바라본다

– <히말라야의 서리꽃 4> 全文

님의 모습이 흐르는 계곡물처럼 선명하고 깨끗해 보였다고 했다. 교육자로서 삶의 고행길을 걸었던 자신은 마른 몸이지만, 피부는 먼지로 뒤덮였지만, 은밀한 수행(기도)으로 마음은 고요하고 평화롭다고 했다. 시인은 히말라야의 서리꽃을 찾아 바라보면서, 자신을 다음과 같이 성찰하며 다짐하고 있다. "전사자로서의 충성을 다짐하고/ 순교자로의 용기를 노래하고/ 선교자로서의 모험을 실천하고/ 끝까지 민족적 긍지와/ 나의 성화聖火의 길을 찾아" '충성, 용기, 모험의 실천, 민족적 긍지, 성화의 길' 이라는 키워드를 잡고 히말라야의 서리꽃을 바라본다. 〈히말라야의 서리꽃〉 1, 2, 3, 4는 이미지의 형상화가 훌륭할뿐더러, 신앙시의 백미白眉라고 하겠다.

교회 종탑

나의 소리를 들었어요 듣지 못했어요
내가 이곳에 왔다고
하늘나라를 상상하여 보라

저곳은 마음의 욕심을 채우고
육신의 눈을 즐겁게 하는
그런 곳이 아닙니다
하늘 말씀 영혼의 세계를 찾아보려고
여기까지 왔네요
세상 자리, 명예, 사랑
닭살 돋도록 가슴의 꽃이 피었네

저 교회 종탑 위의
하늘을 바라보자
무엇이 눈과 귀를 들어오는가
-<교회 종탑> 全文

1연에서 시인은 종탑 위의 하늘을 보자고 제안한다. 파란 하늘과 흰 구름이 평화롭게 흐를 것이다. 육신의 욕심과 세상 자리(감투), 명예, 사랑이 닭살 돋도록 가슴의 꽃(욕심)이 피었다고 했다. 세상에 대한 탐욕, 욕심을 가슴의 꽃으로 은유(metaphor)하고 있다. 그러나 그런 것들을 내려놓으라고 시인은 묘파한다. 마음의 욕심을 채우고, 육신의 눈을 즐겁게 하는 그런 곳이 아니라고 단언한다. 육신의 욕심을 버리고, 하늘 말씀과 영혼의 세계를 찾아보려고 여기(교회 종탑)까지 시인은 찾아온 것이다.

김성배 시인은 인천광역시 연수구 동천동에서 전철을 몇 번씩 갈아타고 교회 종탑을 찾아온다. 주일에도 수요일 장로 예배에도…. 교회 종탑을 보며 자신을 성찰한다. 다른 사람들에게도 교회 종탑 위의 하늘을 바라보자고 권유함은 기독교 신자로서의 사명감일 것이다. 더 나아가, 평생을 교육자로서의 길을 걸어온 선생님으로서 세상에 가르침을 주고자 함이 아닌가 하는 생각이다. 먼저 깨달은 자, 先生님. 먼저 구원받고 먼저 가르침을 받은 김성배 시인은 만민들에게 시를 통해 설파한다. 세상에 대한 욕심 – 이생의 자랑, 안목의 자랑, 정욕을 버리라고(요한일서 2:15~17 "이 세상이나 세상에 있는 것들을 사랑하지 말라. 누구든지 세상을 사랑하면 아버지의 사랑이 그 안에 있지 아니하니, 이는 세상에 있는 모든 것이 육신의 정욕과 이생의 자랑이니 다 아버지로부터 온 것이 아니요 세상으로부터 온 것이라. 이 세상도 그 정욕도 지나가되 오직 하니님의 뜻을 행하는 자는 영원히 거하느니라" 말씀을 떠올리게 하는 시다. "종탑 위의 하늘을 바라보면 무엇이 눈과 귀에 들어오는가" 라고 질문하면서 헛된 욕심보다, 하나님의 뜻을 분별하라는 가르침을 주고 있는 것으로 보인다. 교회 종탑과 하늘의 이미지가 선명하고 또렷한 시다. 신앙시로써 뛰어난 수작(秀作)이다.

그 먼 곳까지

주일날
강원도 영월에서 서울 영락교회까지
버스와 기차를 타고 갔다 오면
늘 새롭게 차오르는
마음속 복음의 기쁨

집으로 돌아오면
강아지 토종닭도
달려 나온다

나는 집 마루에 걸터앉아
두 손을 모으면

마루에 걸터앉아 두 손을 모으면
밤하늘엔 어느 듯
달과 별이 돋았다

　　　　　　- <그 먼 곳까지> 全文

강원도 영월에서 서울 을지로에 있는 영락교회까지 버스, 기차를 갈아타고 예배를 드리고 온다. 귀가하면 강아지, 토종닭도 달려 나온다. 그것도 모자라 집 마루에 걸터앉아서 두 손을 모으고 저녁이 되도록 기도를 한다. 하늘에 저녁별과 달이 뜬다. 한 폭의 수채화다. 신앙심이 돈독한, 독실한 기독교 신자의 진정성이 느껴지는 시다. 강원도 영월에서 서울 을지로에 있는 영락교회까지 매주 예배에 참석한다는 것은 쉬운 일이 아닐 것이다. 강아지, 토종닭, 밤하늘에 달과 별, 한 폭의 영월의 시골 풍경을 그린 수채화다. 시각적 이미지가 명징한 좋은 시다. 신실하고 성실한 기독인의 발걸음에 하나님의 축복이 가득 부어지는 게 보이는 것 같다. 다음은 김성배 시인의 신앙 고백인 〈십자가〉 시를 살펴보고자 한다.

십자가

내가 아직도 서울로 가는 것은
참 예수를 만나 말씀을 듣고 싶었습니다
어떤 이는 말합니다
이 촌에도 교회가 있는데

십자가는 보이지 않고

개나리 울타리 처마 끝에서
새들이 노래하고 즐거이 놀고 있습니다

새떼들이 모여 기쁜 찬송 부릅니다
창세기 말씀으로 새 천지가 보입니다

내가 진정 괴로운 것은
이 소리를 들을 수 없기 때문에

그 먼 서울로 오늘도 갑니다
그 새소리를 먹고 싶어
창밖의 푸른 하늘을 바라보며 갑니다
–<십자가> 全文

여든이 훨씬 넘은 연세인데도, 김성배 시인은 몇십 년이 넘게 서울 영락교회에 다니고 있다. 영월에서도 서울까지 다녔다. 지금은 인천에서 서울까지 다닌다. 시골에도 교회가 있는데 시골 교회에는 십자가가 보이지 않는다고 했다. 시골 교회 처마 끝에 개나리 울타리 보이지 않는다. 새들이 노래하고 즐거이 기쁜 찬송을 부른다. 이곳 교회에서만 들을 수 있는 소리가 시골 교회에서는 보이지도 들을 수 없기 때문에, 진정으로 괴로운 것이다. 그래서 새소리를 먹고 싶어서 그 먼 서울로 오늘도 예배드리러 가는 것이다.

창밖의 푸른 하늘을 바라보며 가는 것이다. 정든 서울 영락교회를 떠나지 못하고, 그 먼 서울까지 다니는 것은 정든 교회 친구들과 교회 뜨락에 핀 개나리와 새들의 노랫소리 때문이라고 했다. 영락교회에 모여 기쁜 찬송을 부르는 성도들을 새떼들에 비유한 것으로 보인다.

수십 년을 다니면서 성도들과 정이 들었으니, 정든 교회 친구들이 그리워서 그 먼 서울로 다니는 것이리라. 영락교회 뜨락에 핀 개나리꽃도 정겹다. 해마다 피고 지는 꽃들과도 정이 들었다. 그 교회 장로님이시기에 더욱 교회에 대한 성실한 책임감으로 그 먼 곳에서도 교회에 다니시는 것으로 짐작된다. 신실한 장로님의 오가는 노정路程에 하나님의 축복이 함께 하실 것이다.

3. 나가는 말

지금까지 서두에서 밝혔듯이 몇몇 관점에서 시인 의식의 성향과 시의 면면을 살펴보았다. 김성배 시인의 시는 순수하고 맑다. 때 묻지 않은 순전함이 시 전편에서 느껴진다. 고향에 대한 그리움, 할머니와의 추억, 여행지를 유람하면서도, 역사 유적지에서도 그의 정신은 줄곧 여호와 하나님께로 향한다. '충무공 유적지' 나 '세월호 팽목항' ,'낙화암에서' 와 같은 시는 역사 의식이 짙게 드러난다. 그러나 관념적이거나 한자어를 나열하는 여느 시인들과 달리, 이미지의 형상화에 성공한 우수한 시를 빚어내곤 한다. '히말라야의 서리꽃' 에서도 히말라야를 여행하면서 목격한 서리꽃을 보면서 정결하게 살고 싶은 열망과 삶과 죽음을 사유하면서도 곧 기독교적인 사유 – 하나님의 은혜, 예수그리스도의 공로를 사유하며 자신이 삶을 성찰한다.

읽는 이들에게도 정서를 순화시켜주는 고운 시집이다. 이 시집을 많은 이들이 읽고 공감과 사랑을 얻게 되길 기원하며 글을 맺는다.

평설/ 姜笑耳

서울 출생/ 본명 : 姜美京
이화여대 국문과 졸업/ 이화여대 교육대학원 국어교육 전공
월간 「시문학」 으로 시, 「서울문학」 으로 수필 등단
한국시문학문인회 이사, (사)한국현대시인협회 회원,
국제펜클럽 한국본부 국제협력위원, 이대동창문인회 이사
수상 : 2011년 韓・中 국제문학 예술상 수상 (시부문)
2012년 충헌문학상 대상 수상 (수필부문)
2013년 시민이 드리는 호국특별상 수상 (시부문)
2017년 현대시인협회 작품상 수상 (시부문)
2019년 풀잎문학상 대상 수상 (수필부문)
2020년 사상과 문학 대상 수상 (수필부문)
2022년 국민일보 신춘문예 수상 (시부문)
시집 : 「별의 계단」
「철모와 꽃양산」 (7쇄)
「새를 낳는 사람들」 (2쇄)
「행복한 파종」
「바람의 눈동자」
수필집: 「유적지, 그 백년의 이야기」
「독립운동가 숨을 만나다」 1. 2. 3
평설 : 2016년 「물방울 꽃들은 바다로 흐른다」 (김원 시집)
2019년 「슬퍼도 숨지마」 (조대연 시집)
2019년 「사랑받고 싶어서」 (안상제 시집)
2019년 「한강」 (김원 시집)
2019년 「봄바람」 (강태호 시집)
2019년 「솔향기 되어」 (최홍준 시집)
2021년 「광화문 전설」 (김원 시집)
2021년 「농부」 (김원 시집)
2021년 「황색선 넘나들며」 (민병문 시집)
2023년 「미소짓는 흉상」 (강태호 시집)
2023년 「기쁨의 우물」 (최인경 시집)
2023년 「바람의 눈동자」 (강나헌 시집)
2023년 「히말라야의 서리꽃」 (김성배 시집)

김성배 시집 2

히말라야 서리꽃

2023년 6월 20일 초판 인쇄
2023년 6월 30일 초판 발행

저 자 | 김 성 배
발행인 | 이 승 한
편집인 | 임 선 실
주 간 | 강 소 이
발행처 | 도서출판 엠-애드
등 록 | 제 2-2554
주 소 | 서울시 중구 충무로4가 36-7
전 화 | 02) 2278-8063/4
팩 스 | 02) 2275-8064
이메일 | madd1@hanmail.net

ISBN 978-89-6575-173-1(03810)
값 15,000원